AF359281

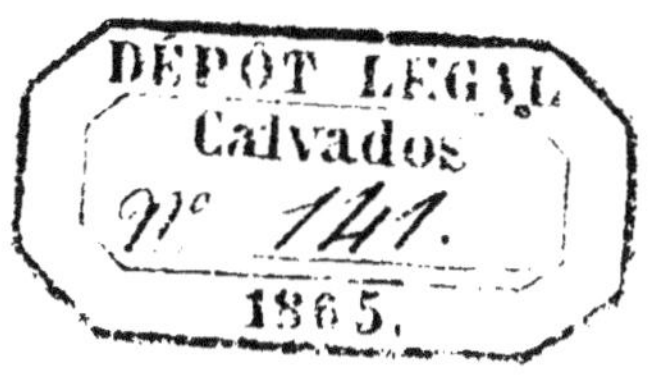

DE L'EMBELLISSEMENT

DE LA

VILLE D'ÉVREUX

LISIEUX. — IMPRIMERIE Vᵉ LAJOYE-TISSOT.

DE

L'EMBELLISSEMENT

DE LA

VILLE D'ÉVREUX

PAR

UN PARTISAN DU PROGRÈS

GUIGNARD, LIBRAIRE

A ÉVREUX

—

1865

« Quand on voit les grandes villes faire tous les efforts
« possibles pour arriver à se régulariser et s'embellir,
« doit-on, dans les villes de moindre importance, à
« Evreux, par exemple, rester indifférent au mouvement
« du progrès qui se manifeste ?

« Telle est la question que l'on peut penser à examiner
« et que nous allons essayer de traiter, en parlant parti-
« culièrement de l'embellissement. »

. . . .

Entretenir les Ebroïciens d'embellissement est une idée
qui n'est pas nouvelle, car plusieurs brochures ont déjà
été publiées à ce sujet; mais ceux qui les ont faites se
sont plutôt attachés à critiquer qu'à observer, pour se
rendre bien compte ensuite des faits qui pouvaient se
produire.

Il en est résulté qu'ils n'ont guère fait qu'effleurer un
sujet important sans chercher à l'étudier à fond, et se
sont souvent trouvés arrêtés par des considérations per-
sonnelles ou par la crainte de blesser des susceptibilités.
Nous tâcherons d'éviter cet inconvénient, et en agissant

consciencieusement, en disant la vérité, nous espérons ne pas tomber dans ces écarts de critique, invectives qui ne font qu'irriter ceux à qui l'on s'adresse et ne les portent à répondre alors que pour s'évertuer en quelque sorte à empêcher la lumière du progrès de se produire, en encourageant ou en protégeant même le maintien du *statu quo* qui paraît depuis longtemps si cher à notre bonne ville d'Évreux.

Aussi, en abordant une question de cette nature pouvons-nous si peu nous dissimuler les difficultés que nous devons rencontrer, que nous croyons entendre déjà la voix de ceux qui vont nous accuser de vouloir tout changer. Nous les rassurerons bientôt en disant qu'il ne peut venir à notre pensée de désirer voir changer ce qui peut être bien; car d'ailleurs, le voudrait-on, dans le but de suivre sans doute un plan déterminé, il ne serait pas possible de faire une ville nouvelle sans avoir des ressources comme celles dont peut disposer l'édilité parisienne.

Ce point bien établi, nous dirons que ce que nous voudrions, au contraire, voir changer, modifier ou créer, c'est ce qui est susceptible d'amélioration ou qui peut présenter un avantage au point de vue de l'embellissement de la ville d'Évreux.

Bornant là nos prétentions, nous allons, sans autre préambule, mais en nous livrant à un examen sérieux, rechercher quelles sont les causes de l'irrégularité qui existe et qui s'est opposée jusqu'alors à cet embellissement. Nous chercherons en même temps les moyens de suivre la voie du progrès, car on peut, sans être trop progressiste, désirer voir le progrès se manifester un peu partout.

L'irrégularité qui existe, disons-nous, dans nos rues, sur nos places publiques, etc., vient, ainsi que tout le monde le sait, de ce que l'on n'a pas, à proprement parler, de plan, ou que, s'il en existe un, il n'a pas été suivi, par telle ou telle raison plus ou moins juste, par telle ou telle considération ou influences particulières, parce qu'on a manqué aussi de prévision, de but et d'idées arrêtées de progrès et d'amélioration, parce qu'enfin on n'a pas chez nous le sentiment du beau, et qu'un concours de circonstances empêche souvent de faire à Evreux quelque chose de bien.

Il y aurait donc, suivant nous, nécessité d'avoir un plan d'alignement représentant bien l'état actuel de la ville, et sur ce plan on devrait indiquer, en ponctuant ou autrement, les changements de direction des rues et les améliorations nouvelles que l'on désirerait introduire, en spécifiant bien dans la légende le but que l'on s'est proposé en suivant plutôt telle direction que telle autre, etc., afin que plus tard ce but pût être suivi en connaissance de cause. Quant au plan de nivellement, qui aurait aussi son utilité, il pourrait venir plus tard, quand on serait arrivé au but que l'on se propose d'atteindre tout d'abord, qui est l'embellissement.

En suivant régulièrement ce plan, on arriverait certainement à un résultat tout autre que celui que l'on a obtenu jusqu'ici, en donnant des alignements changeant tous les sept ou huit ans, pour produire le zigzag, la courbe et même le cercle, et cela toujours au détriment d'une circulation facile, quand ce n'est pas au préjudice des propriétaires, dont les maisons ne se trouvent plus dans l'alignement, bien qu'étant quelquefois d'une construction récente.

Que voit-on, en effet, en parcourant l'intérieur de la ville, si ce n'est l'irrégularité qui se fait remarquer particulièrement à l'égard des voies impériales ou des rues les plus fréquentées?

Ne voit-on pas, disons-nous, des rues souvent trop étroites et tortueuses pour permettre aux conducteurs d'entrer facilement dans les propriétés avec des voitures, avoir des trottoirs qui, ayant à peine 1 mètre de largeur et suivant nécessairement les mêmes directions sinueuses, arrivent à se rétrécir à certains endroits au point de présenter plutôt un danger qu'un avantage pour la circulation, qui n'est plus réservée alors, et avec peine, qu'à une seule personne.

Il y a donc assurément beaucoup à faire; aussi le champ est-il libre pour la rectification. Mais il n'en est pas de même pour tout ce qui tient aux ressources de la ville d'Evreux, qui sont, nous dit-on, très-bornées et ne permettraient pas d'amélioration possible d'ici à longtemps. S'il en était ainsi, ce serait très-fâcheux, car parmi les améliorations que nous devons proposer, il en est de très-utiles et qui sont réclamées depuis longtemps.

Nous allons néanmoins, et sans être découragés par cet aveu, entrer en matière et dire simplement ce que nous avons remarqué, observé et entendu, en parlant d'abord et avant toutes choses des améliorations que l'on désire et qui pourraient être réalisées d'urgence.

Au nombre des travaux que nous voudrions voir considérer comme susceptibles d'être exécutés à cause de leur urgence figurent ceux qui, entrepris dans le cours d'un ou de deux hivers, auraient pour objet : 1° de tracer un chemin direct et facile d'accès pour se rendre à la gare du chemin de fer, ce à quoi on pourrait arriver en s'entendant avec la Compagnie, qui, étant intéressée dans la question, interviendrait assurément pour payer sa part des frais que le changement de direction du chemin occasionnerait; 2° d'empierrer et raviver un espace suffisant dans le pré pour la tenue des foires, afin d'éviter au moins un cloaque impénétrable quand le sol est un peu détrempé ; 3° et de rendre la côte de Saint-Michel accessible aux voitures chargées, afin de relier le hameau, qui est le plus rapproché de la ville et le plus industrieux sous le rapport agricole, au moyen d'un chemin qui serait rendu facile, en le prenant d'assez haut ou d'assez loin (1).

Ce chemin, qui pourrait servir pour aller au Neubourg, concurremment avec la route nouvelle, serait d'une utilité incontestable non-seulement aux nombreux habitants de ce petit pays, au point de vue de l'exploitation des côtes, mais encore à ceux des communes voisines, qui vont faire un assez long trajet pour prendre la côte dite du Clos-Bioche, qui est moins rude, ou en allant par la route de Caen.

Ceci n'est pas de l'exagération, et tout le monde a été à portée de juger combien les réclamations des habitants de Saint-Michel à ce sujet sont justes et fondées ; nous n'insisterons donc pas sur ce point, et nous parlerons maintenant de l'adoucissement de la côte de la Madeleine, qui pourrait être modifiée ou rectifiée, et par cela même rendue plus douce, ainsi que le chemin de la Poterie, qui pourrait être rendu praticable en le faisant tourner un peu dans la pièce de terre qui est à côté.

Ces derniers travaux, bien que très-utiles, n'auraient pas, suivant nous, le même degré d'urgence que ceux dont nous venons de parler en premier lieu.

Arrivons maintenant à la question principale que l'on se propose de traiter, et disons tout d'abord que nous n'avons pas la prétention d'imposer à qui que ce soit

---

(1) Il existe, dit-on, deux projets que l'on pourrait consulter et examiner de nouveau.

notre manière de voir au sujet des moyens à employer pour arriver à l'embellissement de la ville, car les opinions peuvent être bien différentes, suivant le point de vue auquel on voit les choses ; mais nous croyons que, pour arriver à régulariser une ville un peu importante, il est des règles dont on ne doit pas s'écarter ; ces règles doivent assurément être celles-ci :

Diviser les rues en quatre classes, comprenant, savoir : la première classe, les rues qui sont les plus fréquentées et qui sont ou non routes impériales ; la deuxième, les rues se dirigeant vers le centre et venant aboutir ou se jetant dans les grandes voies ; la troisième, les rues qui s'éloignent du centre de la ville et où la circulation est moins active ; et la quatrième, celles dites de banlieue.

On reconnaîtra alors la nécessité de déterminer une largeur suffisante pour chacune de ces rues, en la fixant à 14 mètres, y compris 4 mètres 80 de trottoirs (1), pour les rues comprises dans la première classe, à 10 mètres pour celles comprises dans la deuxième, à 9 mètres pour celles comprises dans la troisième, et à 8 mètres pour celles comprises dans la quatrième (rues qui d'ailleurs ne seraient pas assujéties aux règles spéciales fixées pour les autres, et dont nous allons parler tout à l'heure).

Maintenant, pour compléter ce pas fait vers l'ordre qui conduit au progrès, ne devrait-on pas prendre une autre mesure propice à l'embellissement ; nous voulons parler non du mode de construction uniforme à déterminer pour les maisons de chaque rue, mais de la hauteur et du nombre d'étages à donner aux maisons des rues classées.

----

(1) C'est à peu près la largeur de la rue Saint-Léger, seule belle voie que nous ayons à Evreux.

Ces règles établies, l'administration devrait nécessairement, dans les circonstances actuelles, où les travaux dans la localité commencent à devenir rares, porter son attention d'abord sur les rues comprises dans la première et dans la deuxième classes : ainsi les rues de la Préfecture, Ferrée, de la Harpe, Chartraine, rue Grande et place du Carrefour, rue de l'Horloge, rue Joséphine et place du carrefour Saint-Thomas, ne devraient pas être oubliées par elle ; aussi allons-nous émettre des idées de rectification au sujet de quelques-unes d'entre elles.

Nous allons commencer par la rue de la Préfecture, car elle conduit au principal établissement public de la ville et du département, et, pour cette raison, elle devrait être la rue de Rivoli d'Evreux.

Elle est loin d'être considérée comme telle, il est vrai ; mais son tracé est susceptible d'une rectification qui pourrait, en la rendant moins tortueuse, permettre d'en apercevoir au moins l'extrémité. Nous parlons dans l'hypothèse de la reconstruction d'une prison et d'une caserne de gendarmerie dans un terrain situé le long du boulevard Saint-Jean. Si ce projet était mis à exécution, la rue de la Préfecture, tirée au cordeau à partir du mur de la propriété de M. D... faisant face à la Préfecture, et en écornant les quatre maisons qui existent et que l'on n'aurait pas dû laisser bâtir, ainsi que le jardin potager qui fait suite, présenterait une ligne régulière dont le centre se trouverait en quelque sorte en amphithéâtre et l'extrémité viendrait aboutir à une place qui serait rendue régulière, près de la cour d'assises. Quant à la dépense, elle serait en partie payée par la vente des terrains qui se trouveraient libres par suite de la mise à l'alignement, et celle des matériaux provenant des démolitions, s'il était reconnu qu'ils ne pussent servir à la reconstruction de l'un ou l'autre de ces bâtiments. Et enfin, pour avoir autre chose que des arbres d'agrément, on pourrait faire

en sorte que les personnes qui se rendraient adjudica-
taires des terrains prissent l'engagement de construire
avec régularité, dans un délai rapproché.

Si encore on ne voulait, par hasard, faire tomber de la
prison que ce qu'il est nécessaire de couper pour rectifier
et aligner la rue, dans la prévision de pouvoir utiliser
peut-être ce qui pourrait rester du bâtiment, en l'appro-
priant pour caserner la gendarmerie, on pourrait seulement, comme nous l'avons dit, faire construire une nouvelle prison dans un des terrains longeant le boulevard
Saint-Jean. Cette combinaison n'empêcherait aucunement
de faire construire les tribunaux dans le potager de la
Préfecture, comme on en a le désir (1).

La rue Ferrée est tout à fait tortueuse; la rue Chartraine l'est aussi. Nous laissons à ceux qui ont donné les
alignements le soin de les rectifier; cependant, nous
devons leur dire que, tant qu'ils ne seront pas décidés à
tirer des lignes droites au lieu de donner des alignements
en zigzag, ils n'arriveront qu'à produire l'irrégularité que
l'on remarque dans chacune de ces rues, et dans le bas
de la rue Chartraine particulièrement. Presque toutes les
façades des maisons de ces rues ont été pourtant refaites
à neuf depuis moins de vingt ans. N'aurait-il donc pas

------

(1) Un autre projet, dont l'exécution amènerait encore à une certaine époque quelque chose de beaucoup plus beau que ce dont nous
venons de parler, serait de tirer une seule ligne droite à l'entrée de
la ville (du côté de la route de Caen), en régularisant à cet effet la
rue actuelle, pour aller dans la direction de la place de la cathédrale;
mais ce serait aujourd'hui une conception trop large pour nous qui
n'y sommes pas habitués : c'était bon dans le temps où on traçait la
belle rue Saint-Léger, très-simplement sans doute et peut-être même
sans ingénieurs. Il faut donc y renoncer, l'état de choses actuel
d'ailleurs ne permettrait probablement pas d'y penser.

pu n'y avoir qu'une seule et même ligne droite depuis le
commencement de la rue Chartraine, du côté de la rue
Grande, jusqu'à l'angle des deux routes de Paris et de la
Madeleine, et une place régulière? Nous le croyons. S'il
en était ainsi, on pourrait naturellement penser à prolonger cette rue jusqu'a la caserne Saint-Sauveur.

L'administration pourrait encore porter ses regards sur
la rue Grande, qui, rectifiée principalement à partir du
n° 46, serait en quelque sorte tirée au cordeau; elle pourrait aussi rendre la place du Carrefour parfaitement régulière. Nous voici maintenant amenés à parler de la rue de
l'Horloge : cette rue ne serait-elle pas régulière aujour-
d'hui dans tout son parcours, et très-droite, si on avait
fait suivre un alignement que l'on avait donné dans le
temps pour arriver à découvrir la place de la cathédrale?
Pourquoi ne l'a-t-on pas fait? On n'a pas, il est vrai,
l'habitude, à Evreux, de prendre pour but ou pour point
de départ direct des voies de communication les monuments, comme on fait dans les grandes villes, mais c'est
un tort et un grand tort. Il semblerait qu'on craignit de
suivre ou d'adoper les idées bonnes. Y aurait-il donc toujours deux manières d'envisager ce qui est bien pour que
ce qui, à une époque, a été reconnu comme tel, ne puisse
être continué? Ne serait-ce pas plutôt en agissant sans
avoir de fixité dans les idées, pour ne pas dire par insou-
ciance ou par impéritie, qu'on est arrivé à tracer une rue
comme celle qui existe, figurant assez bien le quart de
cercle, quand il eût été si facile de lui donner une direction différente.

Ce que nous venons de dire au sujet de la rue de l'Horloge ne peut-il pas s'appliquer en partie à la rue Joséphine? Si on avait suivi, en effet, un alignement que l'on
voit encore figuré et qui a été donné quand on a construit
la maison portant le n° 2 et formant l'encoignure de la rue
Joséphine avec celle des Maignants, on aurait obtenu, en

le poursuivant, un résultat meilleur au point de vue de la régularité et de l'accessibilité de la rue du côté de l'hôtel du Milan ; car, en mettant cet autre côté de la rue à l'alignement, on aurait eu plus d'espace en cet endroit.

La maison dont nous venons de parler aurait même dû reculer d'au moins 2 mètres, car on devait avoir plus d'intérêt à s'éloigner de la rue de la Préfecture qu'à s'en rapprocher.

En agissant ainsi, on aurait pu faire avancer certaines maisons qui sont du côté de cette rue de la Préfecture après l'hôtel du Milan, et on aurait eu une rue parfaitement droite, au moins jusqu'à la cour d'assises.

Puisque nous voilà amenés à parler d'irrégularité, profitons de l'occasion pour signaler ce qui doit l'être.

Ne devrait-on pas s'arranger, toujours en prolongeant les rues, de manière à ce que ce prolongement soit fait ou ait lieu en ligne droite, parce que ce genre de ligne est d'abord plus agréable à l'œil, ensuite plus favorable à l'embellissement, et qu'il rend la circulation plus facile. Quant à ceux qui prétendront que les rues tracées en zigzag sont beaucoup plus agréables que les rues droites, parce qu'à quinze pas devant soi on n'aperçoit pas une personne marchant à votre rencontre, comme, par exemple, dans la rue de la Petite-Cité, on pourra leur conseiller d'aller chercher le pittoresque en faisant des jardins anglais dans les terrains qui avoisinent ceux où on construit l'établissement des aliénés. L'air sain qu'on respire en ce lieu pourrait assurément produire sur eux un effet salutaire et les faire revenir à des idées plus justes et plus favorables à l'embellissement.

Dans la crainte que l'observation que nous faisons ici ne soit pas bien comprise, nous pouvons nous expliquer et la faire suivre d'exemples; car il ne s'agit pas seulement de considérer l'irrégularité qui a pu se produire, mais encore de découvrir les causes qui ont pu amener cette irrégularité, afin d'empêcher plus tard, s'il est possible, le retour de ces choses-là.

Ainsi, pourquoi la rue de l'Ecole-Normale, qui n'est que le prolongement de la rue Désormeaux, n'a-t-elle pas été mise précisément en face de celle-ci au lieu de former l'angle avec elle? Il est facile de le voir, et nous allons le dire : c'est parce qu'à Evreux on est toujours porté à régulariser la cour d'un établissement public en projet de construction avant d'avoir fait régulariser la rue. Ceci est très-fâcheux, car l'intérêt général (que représente la rue) doit, selon nous, passer avant l'intérêt particulier. N'est-il pas d'ailleurs toujours possible d'élever une construction de manière à ce qu'elle soit en rapport avec l'alignement droit de la rue, et dans le cas où le terrain restant ne serait pas suffisant, on a pour l'agrandir ou le régulariser la ressource de recourir à la loi d'expropriation du 3 mai 1841.

Ce n'est pas non plus pour une cause différente que la rue de la Préfecture s'est trouvée tortueuse à l'endroit où se trouvent les deux pavillons qui, ainsi que le mur, avancent sur la rue, etc., etc.

Ce que nous disons pour la rue de l'Ecole-Normale est plus regrettable qu'on ne pense, car, pour arriver à la Gare, cette rue aurait pu servir, puisque la rue Désormeaux se trouve précisément en face.

On pourrait peut-être encore y penser en l'élargissant, en prenant des deux côtés, de manière toutefois à ce qu'elle ait au moins 15 mètres et qu'elle soit bien en face de la rue Désormeaux.

Maintenant, comme il ne serait probablement pas possible de monter par cette rue si elle était continuée toujours en ligne droite, à cause de la trop grande hauteur à gravir, on pourrait, avant d'atteindre la côte dite des Jardins, c'est-à-dire à partir de la rue de Panette, par exemple, diviser le chemin en deux branches, en donnant à chacune d'elles une largeur convenable (1), et faire, disons-nous, comme on a fait pour gagner le point culminant du Jardin-des-Plantes, mais avec une rampe bien moins forte, car commençant déjà insensiblement à la rue de la Préfecture, à tant de millimètres par mètre, elle devrait être assez douce.

Ceci ne serait pas laid au point de vue de la perspective, et rendrait les deux branches du chemin très-accessibles, sans devoir coûter bien cher (2).

(Voir le projet ci-contre).

Une autre observation que nous devrions encore faire, si nous croyions nos paroles susceptibles d'être entendues, est celle-ci :

Quand on voit qu'une ruelle n'a pas un degré d'utilité bien marquée, à cause de son rapprochement d'une autre voie, comme, par exemple, la ruelle ou rue du Jardin-Botanique, qui n'est pas, à certains endroits, à plus de 10 mètres de la rue de l'Ecole-Normale, pourquoi ne pas

---

(1) Une de ces branches pourrait servir pour aller à la gare des voyageurs et l'autre à celle des marchandises, qui sont malheureusement établies à l'endroit le plus inaccessible de la ville.

(2) On voit que nous ne parlons nullement de cet ancien projet de boulevard qui devait aller du côté du boulevard de la Buffardière ou de la ruelle aux Loups, et qu'on a abandonné fort heureusement; car il aurait eu pour conséquence fâcheuse et très-préjudiciable d'éloigner de l'intérieur de la ville, dans les moments de fêtes et de foires, la circulation de la foule, qui n'est déjà pas trop considérable.

PROJET DE CHEMIN,
pour aller à la gare
D'ÉVREUX

Gare des Voyageurs

Gare

Square ou jardin du Chef de gare

Chemin allant de la ville de la Madeleine à la ...

Conduite amenant l'eau au jardin des plantes

Rue de Pannette

Rue de l'École Normale

Boulevard

PROJET DE CHEMIN,
pour aller à la gare
D'ÉVREUX

Gare des Voyageurs

Gare des Marchandises

Square ou jardin du Chef de gare

et se répandrant
dans ce jardin des plantes.

Chemin allant de la route de la Madeleine à la Route

Conduite amenant l'eau au jardin des plantes

Rue de Panette

Rue d'État Hermand

millimètres par mètre

Boulevard Saint Jean

la supprimer avant d'attendre que les constructions s'élèvent et ne permettent plus sa suppression.

C'est en ne faisant pas attention à cela qu'on arrive à avoir rues sur rues là où elles ne sont pas utiles, et des voies ayant une forme triangulaire comme celle qui existe. Ce que nous disons au sujet de cette ruelle (qui pourrait être appliqué à bien d'autres) ne peut être l'objet d'un doute, car il y a vingt ans trois propriétaires seuls avaient droit à la conservation de cette ruelle, Mme P... et MM. P... et D..., et, en prenant le terrain au prix de l'estimation ou en recevant une légère indemnité, ils auraient facilement consenti à cette suppression, puisqu'ils avaient d'autres entrées.

Le prolongement de la rue Dumcilet n'en offre-t-il pas, pour ainsi dire, un second exemple. Il est évident, en effet, que si cette rue ne devait pas être continuée en ligne droite dans un but d'embellissement, et pour arriver en face de la grille du Jardin-des-Plantes, ce n'est assurément pas un degré d'utilité autre que celui qu'il pouvait y avoir pour l'établissement voisin (le cercle, en un mot) qui a pu la faire continuer *en ligne courbe,* car elle est, à certains endroits, à peine à **20** mètres de la rue Désormeaux.

On ne manquera pas assurément de nous objecter que ce n'est pas un inconvénient d'avoir plus de voies qu'il ne faut, et que c'est, au contraire, avantageux au point de vue de la circulation et des communications; mais peut-on penser à cette objection quand on sait d'abord que, plus on a de voies inutiles, plus elles nuisent à la régularité et à l'embellissement, plus ensuite on a de dépenses d'entretien, qui, réunies ensemble à un jour donné, empêchent le percement de rues qui seraient utiles et qu'on n'a pas, comme par exemple, une rue vers la Cour d'assises et allant du côté du boulevard Saint-Jean et de la rue de la Rochette; une autre dans la rue Saint-Louis et la faisant communiquer avec le boulevard de l'Est, en face de la rue du Pont-Rouge, et plus tard peut-être avec l'embarcadère du chemin de fer d'Evreux à Rouen (ligne de Chartres); une autre dans la rue aux Bouchers, pour faire communiquer le boulevard du Jardin-l'Evêque avec la rue de la Taillerie, donnant sur la place Bonaparte; une autre, percée à travers la prairie de M. G...., pour faire communiquer en droite ligne la rue aux Bouchers, qui est une des plus populeuses de la ville, avec la rue Saint-Sauveur, projet qui, s'il était réalisé, ne serait certainement pas désapprouvé de la population, surtout de ceux qui savent que le soir hommes et femmes hésitent à passer de cette rue par le petit Pont-Saint et la ruelle qui existe, pour aller du côté de Saint-Sauveur et de la rue aux Maignants, et qu'ils sont obligés de prendre par le milieu de la ville pour revenir ensuite sur leurs pas, etc., etc.

Nous ne continuons pas, car nous aurions à demander trop sur ce chapitre, et il nous faut encore parler de régularisation.

Nous allons donc, sans nous étendre trop longuement sur ce sujet, parler de quelques régularisations qui nous ont paru opportunes et qu'il serait bon, suivant nous, de ne pas oublier.

Dans un temps qui n'est peut-être pas éloigné, la construction d'un hôtel de ville, avec ou sans pavillons, aura lieu certainement à l'endroit où il est actuellement, mais plus au milieu de la place. Ne serait-il pas utile, dans cette prévision, de s'attacher à régulariser la place du côté de la propriété de M. B.... marchand, en la rendant plus carrée, et d'assujétir les propriétaires des maisons bordant la rivière à adopter un mode de construction régulière.

On pourrait, en outre, rendre droite la rue de l'Horloge et y faire aboutir deux rues larges et droites aussi, prenant naissance dans la rue Chartraine, et de manière à ce que l'une d'elles soit précisément en face de l'Hôtel-de-Ville. Ces améliorations obtenues, on pourrait alors appeler la rue de l'Horloge rue de l'Hôtel-de-Ville.

En outre, la ville ne pouvant guère s'étendre que du côté de l'est, puisque c'est à cet endroit que la vallée est plus large, ne serait-il pas convenable, pour rectifier ces alignements tortueux de la ruelle Saint-Louis ou de Chartres (que l'on dirait avoir été donnés pour produire l'irrégularité), de faire une rue ou boulevard de ceinture allant d'un côté, en droite ligne, de la maison de l'octroi vers l'ancienne fabrique d'huile, dans la rue de Vernon, et de l'autre rejoindre la route de Paris.

On relierait facilement cette voie à la ville et au boulevard de l'Est, prolongé lui-même jusqu'à la route de Vernon, au moyen de plusieurs rues (afin de donner l'idée de construire de ce côté, savoir : la première, percée dans le but de prolonger en ligne droite la rue du Pont-Rouge, dont nous venons de parler, en la faisant passer dans l'emplacement occupé par la maison de M. C..., située en face du Pont-Rouge ; la deuxième, comme continuant la rue du Château, toujours jusqu'au boulevard de l'Est, rue que d'ailleurs nous ne demanderions certainement pas là, mais bien plutôt en face du derrière de l'Hôtel-de-Ville, si nous avions un monument digne de porter ce nom, et si nous n'avions pas à craindre qu'on nous dise que nous sommes en contradiction avec nous-mêmes, en désirant une rue dont le commencement serait un peu rapproché de la rue Villaine, car l'effet qu'elle produirait serait assez beau.

puisqu'il y aurait de cette façon une rue précisément en face du monument et une autre derrière; et la troisième, qui existe déjà et connue sous le nom de Moulin-l'Abbesse, mais qui pourrait être prolongée en ligne droite, comme elle était, du reste, autrefois projetée sur le plan de la ville.

Le boulevard du Jardin-l'Evêque, que l'on pourrait faire communiquer directement avec la rue allant du côté de Saint-Sauveur, serait susceptible aussi d'être tiré au cordeau, puisqu'il l'est déjà pour la moitié, si l'on continuait la ligne droite et n'attendait pas la construction des maisons, qui commence déjà et qui plus tard deviendrait un obstacle à l'alignement direct. Si on parvenait à obtenir ce résultat, on penserait alors à percer une rue en face de la rue Raincent pour faire communiquer ce boulevard avec la rue Saint-Léger, et à en percer une, comme nous l'avons déjà dit, en face de la rue qui va de la rue aux Bouchers à la place Bonaparte.

Une autre rectification qui serait peu dispendieuse et très-facile à faire serait celle-ci :

La rue de la Rochette, redressée à partir de l'endroit où il y a un bâtiment servant de resserre à écorces, et en passant dans une partie de la propriété de M. L..., longeant la rue actuelle, formerait une rue droite qui se joindrait très-bien avec la partie qui existe à partir du Moulin-à-Tan jusqu'à Cambolle, ligne ayant plus d'un kilomètre de longueur, et qui ferait penser sans doute à la faire communiquer plus tard avec la ville, au moyen de deux rues, dont l'une, figurant sur le plan de 1834, devait aboutir à la rue Joséphine, vers l'hôtel du Dauphin, et l'autre, dont une partie existe déjà le long de l'établissement à usage de blanchisserie, mais tracée à travers la prairie, pour gagner la route de Caen, en supprimant la ruelle tortueuse des Tombettes, inaccessible en temps de grosses eaux.

On pourrait faire à peu près la même régularisation à l'égard du chemin de Saint-Germain, car il pourrait être droit aussi dans tout son parcours.

Il serait peut-être bon aussi de poursuivre le chemin allant de la route de Caen vers Harrouard, à travers la prairie, pour le faire communiquer avec la route de Breteuil.

Enfin, en parlant de régularisation et d'embellissement, on ne peut passer sous silence le désir que l'on pourrait exprimer de voir construire une caserne de cavalerie au bout du Champ-de-Mars, du côté du chemin de Saint-Germain, qui serait reporté à cet effet un peu plus près du chemin de fer et de manière à continuer la ligne droite de la rue de Panette.

Il est vrai qu'à une certaine époque le conseil municipal d'alors a repoussé un semblable projet, dont l'exécution, intéressant directement l'Etat, n'eût rien coûté à la ville; mais ce n'est pas une raison pour croire que l'administration actuelle, comprenant aujourd'hui la faute commise, peut être dispensée de faire de sérieuses démarches près du gouvernement afin d'arriver à obtenir, comme complément de la place, un édifice assez grand pour contenir un régiment de cavalerie. Si on voyait les choses ainsi et si on réussissait, on serait sûr alors d'avoir toujours à Evreux, ainsi qu'on le désire, un état-major pour donner un peu de gaîté et d'animation dans la ville.

L'administration trouverait aussi dans l'exécution de ce projet un autre avantage, car elle pourrait supprimer l'écurie qui existe à Evreux au milieu du centre com-

mercial, car son voisinage ne doit être guère agréable
pour les commerçants de la rue Grande.

On pourrait même, si on se décidait un jour à suivre
en tous points l'exemple donné par les grandes villes,
penser à avoir plus tard un hippodrome pour des courses
et manœuvres de cavalerie, qui pourrait être facilement
établi dans les prairies situées entre les routes de Caen
et de Breteuil, et ayant pour limite le chemin dont nous
avons parlé plus haut comme pouvant faire communiquer ces deux routes avec le hameau de Harrouard.

Sans chercher maintenant à nous ériger en redres-
seurs de torts, nous allons parler de choses que l'on
doit regretter, en citant simplement celles que nous
avons été plus à portée de remarquer; les gens sensés
comprendront la portée des observations que nous avons
à faire ici.

N'est-il pas à regretter que l'on ait laissé construire
la maison de M. D......, sise à l'encoignure de la place de
la Comédie, avant de poursuivre la rue Saint-Louis en
ligne droite? C'eût été beaucoup mieux au point de vue
de l'embellissement de cette rue, qui est une des belles
de la ville (ce qui n'aurait pas empêché la place d'être
bien carrée et bien régulière, si on avait réellement eu
le désir qu'elle le fût).

Aurait-on dû encore laisser refaire la façade de la
maison faisant suite au n° 62 dans la rue du Pont-Notre-
Dame, en permettant de suivre un alignement disgra-
cieux à la vue et empêchant pour toujours de découvrir
la place de la cathédrale, qui n'est pas laide et qu'on ne
fait qu'apercevoir un peu, quand on devait, au contraire, désirer la voir dégagée afin de pouvoir apercevoir
de la rue de la Harpe le portail de la cathédrale?

Si on avait tracé aussi la route de Breteuil en prenant l'alignement du Pré-du-Bel-Ebat et le continuant en droite ligne (ce qui était possible, puisqu'il n'y avait pas le long de cette route une seule maison construite il y a vingt ans), on aurait eu une avenue aussi belle que celle de Caen, qui, arrivant au milieu de Saint-Germain-de-Navarre, reliait ce hameau totalement à la ville, car il serait resté de chaque côté de cette voie assez de terrain pour construire.

Le boulevard Saint-Jean n'eût-il pas dû encore être tracé de manière à former le prolongement en droite ligne du boulevard Chambaudouin, ligne d'un kilomètre environ, encadrant la ville dans des boulevards réguliers et venant aboutir au milieu d'un des plus beaux champs de Mars de France, tout en pouvant même être poussée jusqu'au boulevard de l'Est, sans rencontrer le cimetière.

Enfin, la construction du lycée (1) dans un espace

---

(1) A propos de construction de lycée, on nous a raconté ce qui suit :

« Quand M. de Salvandy était ministre de l'instruction publique, « on a offert à la ville d'Evreux une subvention de 250,000 ou « 300,000 fr. si elle voulait compléter la somme nécessaire pour « établir un lycée ; mais l'administration municipale qui existait à « cette époque n'a pas accepté cette proposition. Avait-elle alors « l'idée d'en faire construire un plus tard sans recevoir de subven-« tion? Probablement que non. Ce refus doit donc être attribué « seulement à une fausse appréciation des intérêts de la ville « qu'aura amenée sans doute un fâcheux concours de circonstances, « comme on en voit trop souvent se produire à Evreux, pour tout « empêcher ou paralyser. »

Ceci, d'ailleurs, ne doit pas étonner, quand on sait que dans un temps le gouvernement a proposé d'établir à Evreux le parc de construction qui est à Vernon et qu'on a refusé.

trop restreint n'a-t-elle pas nui à la régularité du Jardin-Botanique, seul lieu d'agrément et de distraction de
la ville d'Evreux, tout en empêchant la rue de Panette
d'être droite dans tout son parcours et de rendre la côte
de la Madeleine facile d'accès pour arriver à la gare du
chemin de fer?

On devait même, nous dit-on, avoir encore un autre
motif d'éloigner le lycée, car en le construisant ailleurs,
sans qu'il en coûtât plus d'argent, on arrivait à trouver
dans l'ancien collége un bâtiment régulier pouvant se
prêter parfaitement, et sans beaucoup de frais d'appropriation à l'installation d'un musée qui n'eût certes pas
été déplacé dans cet endroit, et qu'on nous reproche avec
raison de ne pas posséder.

On pourrait encore assurément ajouter à cela la faute
que l'on a commise en n'obligeant pas, quand on le
pouvait, la Compagnie du chemin de fer à fournir de
l'eau susceptible de jaillir au Jardin-des-Plantes pour
alimenter un jet d'eau, ainsi qu'un bassin d'une assez
grande étendue, et ailleurs, dans la ville, des fontaines
publiques.

Mais nous nous arrêtons, car on ne manquerait pas
de nous objecter ceci : A quoi bon rappeler des choses
regrettables, il est vrai, mais que les circonstances ont
souvent amenées et que le temps a consacrées, quand il
n'est plus possible de les changer actuellement.

Nous répondrons que nous croyons qu'il était utile
d'en parler, quand même ce que nous avons dit n'aurait
d'autre effet que de stimuler à l'avenir l'esprit de prévision et de rappeler, surtout chez nous, le sentiment
du beau.

Nous savons très-bien d'ailleurs que l'on ne doit pas

attribuer aux administrations municipales qui se sont succédé toutes les causes de l'irrégularité que nous avons signalée; aussi nous empressons-nous de formuler le vœu suivant :

Il serait utile que l'administration municipale pensât à s'adresser à l'administration supérieure, dans le but de la prier de vouloir bien prendre les mesures nécessaires en donnant des instructions au sujet des alignements, pour que dans le parcours des voies impériales et autres dans la ville, l'administration des ponts et chaussées comptât pour quelque chose la question d'embellissement et ne s'efforçât pas à l'avenir, comme autrefois, de perpétuer, pour ainsi dire, le système du zig-zag et de la Courbe, qu'elle a longtemps entretenu. Ainsi, désirait-on à certaine époque que la ligne droite fut suivie, on était sûr à l'avance de voir l'administration des ponts et chaussées, dans le but d'avoir sans doute des vues différentes et qui n'appartinssent qu'à elle, émettre des idées tout à fait contraires à l'embellissement et donner des alignements tels que ceux que l'on remarque dans les rues Ferrée, de la Préfecture, Chartraine et rue Joséphine, etc.

Ceci est tout à fait regrettable et appellerait même l'attention particulière du gouvernement, car les bévues une fois faites, la ville n'a pas les ressources nécessaires pour les rectifier et c'est entretenir et consacrer pour toujours l'irrégularité.

Si nous insistons sur ce point, c'est que nous savons que cet esprit, en quelque sorte d'antagonisme, disparaîtrait sous le poids du blâme que lui infligerait l'appréciation éclairée de l'Empereur.

Sollicitons de ce l'attention du gouvernement à ce

sujet, et la tâche de l'administration sera plus facile et ses efforts efficaces.

Nous pensons bien que l'administration sera portée à nous dire qu'elle ne peut suffire à la tâche que nous prétendons lui imposer et qui lui incombe naturellement; mais elle l'a bien compris déjà elle-même, et elle a su aviser, puisqu'elle a commissionné un agent chargé de veiller aux choses d'entretien et de surveillance de voirie municipale. Ne pourrait-elle donc pas déléguer d'autres pouvoirs qui seraient non moins utiles, sans diminuer de beaucoup les siens, puisqu'en se faisant éclairer seulement elle pourrait toujours conserver la haute-main? Nous voulons parler de l'utilité de créer une commission chargée de s'occuper de la question d'embellissement (comme il en existe d'ailleurs dans certaines villes). Est-ce que la création d'une commission formée de gens intelligents et désintéressés gènerait en rien l'administration municipale? Nous ne le croyons pas. Elle pourrait, au contraire, trouver dans son sein des lumières qui lui seraient souvent utiles, car, préoccupée des détails administratifs de chaque jour, elle peut ne pas apercevoir toujours ce qu'il y aurait à faire.

Nous savons que certaines gens nous répondront : A quoi bon cela, puisqu'on a pu faire élever un bâtiment tel que le lycée! — Mais est-on bien sûr que la population ébroïcienne ait consenti jusqu'alors à classer cette construction au nombre des monuments dont elle se croit en droit de s'énorgueillir? Assurément non.

Ne nous faisons donc pas illusion, et si nous ne suivons pas toujours l'exemple qui nous est donné par les grandes villes, ayons au moins (sans faire du grandiose comme à côté du théâtre) le sentiment du beau; ne rejetons pas parfois les conseils de gens qui peuvent le faire apercevoir : c'est le moyen d'arriver à ne pas faire de bévues qui font regretter plus tard de ne s'être pas bien rendu compte de l'état des choses.

Nous ne sommes pas éloignés de croire, en faisant ces observations, que c'est, comme on dit communément, prêcher dans le désert, qu'un administrateur est libre, qu'il peut faire ce qu'il veut, puisque nous l'avons vu; mais ses actes n'en sont pas pour cela moins exempts de critique, et l'opinion publique, en les appréciant, peut ou non les approuver. C'est pour cela que nous avons cru devoir faire connaître notre manière de voir.

Ce que nous disons néanmoins ne doit pas être considéré comme l'expression d'une critique haineuse, mais bien pour engager à marcher à l'avenir dans la voie du progrès, que l'on atteindrait certainement s'il y avait toujours une direction puissante assez constante dans ses efforts pour suivre un plan d'ensemble raisonné et conçu en vue de l'utilité et de l'embellissement.

La ville d'Evreux, qui, à part sa qualité de chef-lieu du département, a quelque importance et peut avoir quelques espérances d'un meilleur avenir, sinon sous le rapport commercial en général, au moins comme centre de transactions importantes pour l'approvisionnement de Paris et le commerce des chevaux, ne doit pas se laisser devancer et dépasser par les localités inférieures à elle, par Vernon, par exemple, qui, par l'exécution de travaux, tels que son nouveau pont, la rue d'Albuféra, ses autres rues nouvelles et ses belles promenades, commence à avoir déjà un cachet de Paris; aussi est-on, en la parcourant, frappé de sa transformation subite et ne s'étonne-t-on pas qu'elle soit citée et recherchée à juste titre comme ville coquette et ayant déjà une certaine importance.

Nous savons bien que sa position dans une belle

vallée, sa proximité d'un des plus beaux fleuves de France, sont un grand avantage pour elle; mais celle d'Evreux est charmante aussi, et la ville, qui est placée aussi dans une belle vallée et arrosée par une rivière distribuant presque partout ses eaux (1), offre toutes les ressources que l'on peut désirer. Elle a des places publiques qui pourraient être très-belles, quelques beaux édifices, dont le nombre se trouvera nécessairement augmenté; elle est, en un mot, susceptible d'une régularisation facile, et par conséquent de devenir un jour une ville jolie et agréable, formant en quelque sorte la banlieue de Paris, car elle ne se trouve qu'à trois heures de la capitale.

Travaillons donc avec intelligence pour arriver à améliorer et embellir, et en agissant ainsi nous servirons la cause du progrès, tout en fournissant du travail aux ouvriers, qui quittent souvent la ville pour se diriger (faute de travail local) vers les grands centres où des travaux s'exécutent.

Nous voilà arrivés à un point où la plus grande difficulté nous attend, car il s'agit de parler de la question financière.

On nous dira sans doute ceci : Les projets que vous présentez comme étant d'une exécution possible, coûteraient des millions, et la ville, qui vient de faire construire un lycée reconnu plus ou moins beau, a absorbé

---

(1) On a bien, il est vrai, fait pendant longtemps un travail d'études pour savoir s'il était possible d'avoir à Evreux un canal, en faisant venir les eaux de la Sarthe, mais on n'a pu réussir, hélas! Que n'a-t-on pu s'en apercevoir plutôt, afin d'employer l'argent qui a été d'pensé là en pure perte, ainsi que beaucoup d'autre depuis, à embellir la ville?

là toutes ses ressources et n'a plus les moyens d'entreprendre de tels travaux.

Si on s'arrête à cette considération, jamais la ville ne
sera autre que ce qu'elle a été faite, par suite du manque
de vues intelligentes ou de la faiblesse de ceux qui
étaient chargés de veiller ou de travailler à son embellissement.

Ces travaux ne pourraient assurément pas être entrepris en même temps, il est vrai, la ville n'aurait pas les
ressources nécessaires pour cela; mais ils pourraient
l'être successivement, en commençant par les travaux
urgents et ceux qui peuvent avoir pour but de régulariser les rues, en les rendant plus droites, et de faciliter
encore la circulation en élargissant celles qui sont trop
étroites, car on aurait certainement l'appui du gouvernement, qui, intervenant pour les rues qui sont routes
impériales, ne manquerait pas d'accorder des subven-
tions importantes quand il verrait la ville décidée à faire
des sacrifices pour arriver à un résultat certain de progrès et d'amélioration, car ce serait la première fois
qu'Evreux *aurait obtenu quelques faveurs.*

Nous n'ignorons donc pas que, pour arriver à entreprendre des travaux de régularisation et d'embellissement, il faut non-seulement suivre des règles, mais
qu'il faut encore avoir des ressources.

La ville n'a pas, dit-on, les moyens d'entreprendre
actuellement de grands travaux.

Elle ne les avait pas non plus quand elle a fait construire le lycée, qu'elle ne demandait pas, et cependant
elle en a trouvé les moyens en empruntant.

La ville ne pourrait-elle pas faire un nouvel emprunt

à long terme, d'une somme de sept à huit cent mille francs, par exemple, en s'adressant au *crédit foncier*, emprunt dont elle parviendrait à se libérer, en se créant des ressources, en vendant les propriétés qui lui appartiennent et qui ne lui sont pas utiles, ou dont elle ne tire aucun parti depuis longtemps (1), ainsi que les parties de propriété qui lui resteraient après les régularisations qu'elle aurait faites, en demandant à s'imposer extraordinairement; enfin, pourquoi la ville ne se procurerait-elle pas une partie des fonds au moyen d'une loterie organisée sur une grande échelle, comme, par exemple, celle du Musée Napoléon, à Amiens, et bien d'autres faites dans un but religieux.

En définitive, et sans trop préjuger (puisque nous n'avons fait qu'entrevoir), ne pourrait-on pas, par suite d'un examen sérieux du budget de la ville d'Evreux, arriver à réaliser des économies qui permettraient d'élever, en peu d'années, des constructions neuves, réunissant les conditions voulues d'appropriation et d'embellissement, là où il y en a d'anciennes appartenant à la ville et exigeant des frais de réparations continuelles. On pourrait ainsi vraisemblablement ne pas laisser dévorer en partie ce budget, chaque année, par des riens qui l'absorbent.

Nous ne faisons là, il est vrai, qu'émettre une opinion; mais, persistant dans cette opinion, nous croyons qu'il serait utile de consulter M. le maire de Vernon, homme expert en matière d'établissement de budget : il ne refuserait certainement pas de nous indiquer comment il a su, par sa haute intelligence et par sa fermeté,

---

(1) Au nombre desquelles figure probablement le terrain destiné à l'établissement d'abattoirs restés à l'état de projet depuis plus de vingt ans.

arriver à en établir un qui soit réellement profitable à la ville de Vernon, mais non pareil à celui d'Evreux, qui se solde presque toujours à 50 fr. près, comme celui de l'année précédente ; car nous voudrions qu'on pût prouver aux habitants d'Evreux que ce qui a été possible à Vernon peut l'être à Evreux ; mais nous laissons ce soin à plus expert que nous en matière de comptabilité bien entendue.

Arrivons maintenant à la fin de notre tâche, et en terminant un aperçu traitant plus ou moins bien une question difficile et surtout délicate, arrêtons-nous à cette conclusion : « Toutes fois qu'une direction intelligente et ferme voudra se produire, sans s'inquiéter des considérations et des influences particulières, mais en faisant appel à des gens intelligents, marchant avec persévérance vers le but que l'on doit rechercher, qui est l'embellissement, elle verra assurément ses efforts couronnés de succès, et si, plus tard, nos administrateurs ont éveillé quelques haines, ils seront sûrs au moins d'avoir acquis les sympathies de la majeure partie des habitants d'Evreux, et d'avoir droit à la reconnaissance des ouvriers à qui ils auront su procurer, pour plusieurs années, du travail qui peut améliorer leur position et assurer le bien-être de leurs familles. »

Espérons donc voir en peu d'années Evreux se régulariser et s'embellir ; nous aurons alors moins à envier aux villes d'une plus grande importance que la nôtre, et nous pourrons marcher de pair avec celle dont nous avons parlé, qui n'est, comme on sait, qu'un chef-lieu de canton, mais des plus distingués.